PETIT ABRÉGÉ

D'ARCHÉOLOGIE

A L'USAGE DE TOUS

ORNÉ DE VIGNETTES SUR BOIS

PAR

ALFRED CAPPELLI

PARIS
IMPRIMERIE ALCAN-LÉVY, BOULEVARD DE CLICHY, 62
1869

PETIT

ABRÉGÉ D'ARCHÉOLOGIE

ORNÉ DE VIGNETTES SUR BOIS

PETIT

ABRÉGÉ D'ARCHÉOLOGIE

ORNÉ DE VIGNETTES SUR BOIS

PAR

Alfred CAPPELLI

PARIS

IMPRIMERIE ALCAN-LÉVY, BOULEVARD DE CLICHY, 62

1869

DE L'ART ANTIQUE

Les ordres grecs expliqués par Vitruve sont trop connus pour qu'il soit nécessaire d'en parler longuement.

Je mentionnerai les trois ordonnances qui composent l'art grec : le Dorique, l'Ionique et le Corinthien. Ces ordonnances, employées à la décoration des temples dans des conditions diverses, ont amené les dénominations suivantes que je crois utile de rappeler ici.

Il y avait sept sortes de temples rectangulaires :

1° Le temple à antes, la plus simple et la plus ancienne disposition, dont la façade principale présentait deux colonnes supportant le milieu du fronton et deux pilastres ou antes appliqués à la tête des murs latéraux.

2° Le temple prostyle, ayant quatre colonnes

de face dont les deux des côtés sont détachées des murs latéraux et surmontées de leur fronton, de sorte que la façade du temple avait un vestibule ouvert des deux côtés (dit péristyle isolé).

3° L'amphiprostyle avait à ses deux extrémités une façade semblable à celle du prostyle.

4° Le périptère, dont la colonnade se répétait autour de la cella, de sorte que le temple était environné de colonnes isolées formant un portique continu dans tout son pourtour. Le périptère avait six colonnes de front et quelquefois huit.

5° Le pseudo-périptère, dont les colonnes latérales sont engagées dans les murs latéraux de la cella (dit faux périptère).

6° Le diptère avait sur ses côtés une double colonnade formant une double galerie autour de l'édifice.

7° Quand les colonnes du second rang étaient engagées dans le mur, la galerie extérieure avait la largeur de deux entre-colonnements et l'on avait l'ordonnance pseudo-diptère.

On désignait encore les temples par les noms tétrastyle, hexastyle, octastyle, décastyle, dodécastyle, suivant leur nombre de quatre, six, huit, dix ou douze colonnes sous le fronton.

L'entre-colonnement était encore l'objet de plusieurs divisions. Quand l'entre-colonnement avait trois modules, c'était un picnostyle; quand il était de quatre modules, c'était un sistyle;

quatre et demi, un eustyle; six modules, un diastyle, et plus de six, un aréostyle.

Les temples circulaires sont divisés par Vitruve en deux classes. La première, appelée monoptère, se composait seulement d'une enceinte de colonnes posées sur un stylobate. La seconde, dite périptère circulaire, présentait une cella autour de laquelle se déployait une colonnade s'appuyant également sur un stylobate muni de degrés.

Temple hypèthre signifie un temple dont la cella est découverte (sans toit). La superposition de deux ordres à l'intérieur de la cella était une condition caractéristique du temple hypèthre.

Les autres monuments ayant eu une grande importance sont connus sous les dénominations suivantes : *Palestres* (1), *Gymnases, Théâtres,*

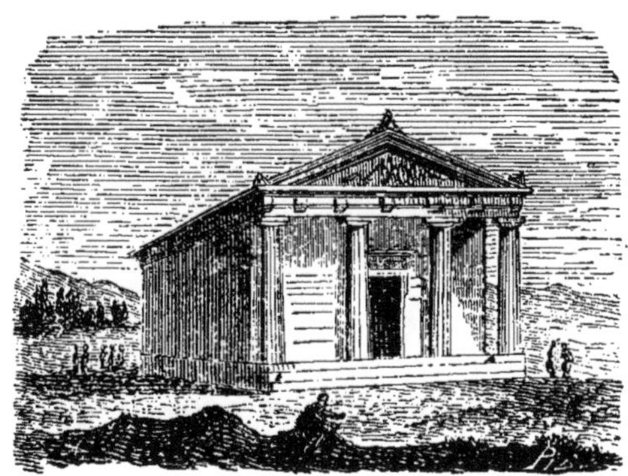

Tempie prostyle.

(1) *Palestre*, lieu destiné à la lutte.

Odéons, *Leschès* (1), *Propylées* (2), *Trésors*, *Hérôon* (3). Après les temples, ce fut dans la construction de ces différents monuments que les Grecs employèrent toute la magnificence de leur décoration architecturale.

(1) *Leschès*, lieu destiné aux rapports d'affaires publiques et d'intérêt.

(2) *Propylées*, portique construit en avant de monuments importants.

(3) *Hérôon*. Monument religieux, sorte de chapelle sépulcrale.

ART ROMAIN

Les cinq ordres d'architecture traités par Vignole nous font connaître l'ordre toscan ainsi que les quatre ordres romains. Ce sont ces cinq ordres qui servirent à décorer architecturalement les monuments que construisirent les Romains. Cependant, au commencement de la République, l'architecture paraîtrait n'avoir présenté que fort peu d'intérêt. Sous les rois, ce furent des architectes et des ouvriers grecs et étrusques qui construisirent les monuments et les tombeaux qui avaient de l'importance. On peut dire que les Romains n'ont fait qu'emprunter aux Etrusques et aux Grecs les règles architecturales et les systèmes décoratifs qu'ils ont employés. Des changements dans les détails, tels que dans les moulures, les ornements, font des ordres grecs les ordres romains.

Le cercle a été employé fréquemment, les arcs, les voûtes, les coupoles, atteignent des proportions grandioses et sont construits admirablement.

Sous les empereurs, l'architecture se développa dans toute sa magnificence. César donna l'élan, et, sous le règne d'Auguste, les Romains répandirent leurs magnifiques constructions en Europe, en Asie et en Afrique. De nombreux artistes distingués, à la tête desquels se trouva Vitruve, construisirent des ponts, des voies, des aqueducs, des arcs de triomphe, des temples, des cirques et des théâtres dépassant en grandeur tout ce qui avait été construit jusqu'alors. L'ordre corinthien fut employé presque généralement à la décoration des édifices.

Sous Tibère l'art resta stationnaire. Néron eut à réparer les désastres de l'effroyable incendie qui ravagea les deux tiers de Rome ; il fit donner de l'élévation aux maisons particulières et fit substituer la pierre au bois dans les constructions. Le magnifique palais qu'il se fit construire était entouré d'un triple rang de portiques et renfermait dans son enceinte des étangs, des champs cultivés, des bois et des vignes.

Sous le règne de Titus, un second incendie consuma une quantité considérable d'édifices publics dans Rome, et l'éruption du Vésuve engloutit Herculanum et Pompéi.

Domitien, et après lui Nerva, réparèrent les monuments qui tombaient en ruines et firent des travaux considérables d'utilité publique ; les aqueducs furent réparés sous la conduite d'un ingénieur habile nommé Frontin, auteur d'un traité sur les aqueducs. Le règne de Trajan vit briller les arts d'un vif éclat et nous lui devons les plus beaux ouvrages que l'architecture romaine ait légués à notre admiration.

Adrien, empereur, architecte et peintre, continua à protéger les arts et à s'en occuper personnellement ; il fonda des villes, répara des cités, fit construire d'innombrables monuments, et laissa une foule d'artistes remarquables qui continuèrent leurs travaux sous le règne d'Antonin.

Les autres empereurs romains qui protégèrent les arts et sous les règnes desquels on construisit des monuments importants, furent Septime Sévère, Caracalla, Héliogabale, qui édifia des temples en l'honneur du soleil, à Rome et à Éphèse. Alexandre Sévère fut un protecteur éclairé des arts ; il réglementa les honoraires des architectes et des artistes. Il faut ensuite aller jusqu'au règne d'Aurélien pour retrouver l'édification de monuments importants, puis se reporter encore au règne de Dioclétien, qui construisit les plus grands bains que l'on eût construits jusque-là ; ses palais étaient des villes, et il fit élever des monuments à Antioche, Milan, et d'autres villes. Les monuments de cette période se sentent de la décadence qui était presque complète à cette époque.

On croit que c'est sous Dioclétien que la pratique d'élever des arcades cintrées en supprimant les architraves horizontales qui reliaient les colonnes entre elles, a pris naissance.

Constance-Chlore et Constantin, qui contribuèrent beaucoup à la prospérité des Gaules, terminèrent les productions de l'architecture romaine.

L'ordre composite qui florissait sous cette dernière période, marque parfaitement l'état de décadence de l'architecture. La profusion des détails, l'abaissement de la grandeur des lignes, l'amaigrissement des moulures, sont la chute de l'art.

Appareils. — Dans les constructions de toutes les époques, il est urgent d'étudier les différents genres d'appareils qui servent aussi à préciser les périodes de l'art.

On appelle appareil le système de tailles et poses de pierres, joint à la manière dont elles sont maçonnées.

Les Grecs ont employé les appareils suivants :

Période héroïque. — Appareil cyclopéen ou pélasgique, composé d'énormes blocs de pierres polygonales irrégulières, ayant dans de certains cas des assises taillées et posées suivant des lignes horizontales, et dont les angles des pierres ne sont pas équarris.

Période historique. — Quatre genres d'appareils se distinguent en manifestant les progrès dans l'art de bâtir. Les pierres reçoivent alors une forme quadrangulaire parfaite, les assises sont régulières, et des pierres ayant toutes la même largeur et la même hauteur composent le grand appareil régulier.

L'appareil irrégulier est composé d'assises de

pierres bien taillées et quadrangulaires, quelquefois allongées, souvent carrées ; mais alterne d'assises de pierres de petites dimensions et d'assises de pierres de dimensions plus grandes.

L'appareil en bossage, dont l'arête des pierres est abattue sur la face, formant une sorte de cannelure qui encadre chaque pierre et la fait saillir.

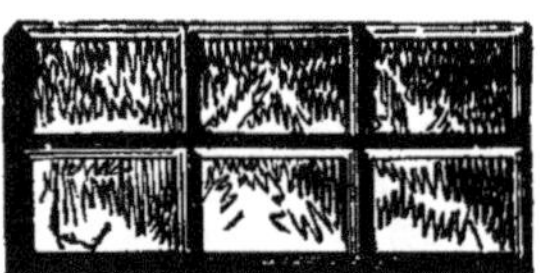

Le petit appareil régulier et irrégulier, dont les pierres de petites dimensions sont bien équarries et parfaitement ajustées.

Dans la construction des murs d'une forte épaisseur, on mettait en parement les pierres appareillées en laissant un vide entre les deux lignes de pierres et rejoignant de distance en distance ces deux lignes par une rangée de mêmes pierres que les parements, ce qui les reliait en formant des espaces carrés que l'on remplissait d'un blocage de cailloux ou de petites pierres noyées dans le mortier. Dans une époque avancée de l'art, les Grecs ont employé la brique cuite et la brique crue dans d'importantes constructions; les murs de briques étaient recouverts d'un enduit ou de plaques de marbre.

Les Romains ont employé les mêmes appareils que les Grecs, desquels ils les tenaient : ils y ont ajouté le mélange de lignes de briques entre un nombre de lignes d'assises de pierres. L'opus spicatum, composé de lignes de briques posées en angle formant l'arête de poisson, ainsi que les bandeaux de briques, sont de l'époque de la décadence. Les Romains ont fait un très grand emploi de la brique dont les formes étaient très variées, et l'emploi de la brique dans la maçonnerie remonte quelquefois à une haute antiquité ; cependant on peut s'arrêter avec certitude, pour reconnaître les meilleures époques de l'art, aux matériaux les mieux choisis et les mieux appareillés.

Peinture, mosaïque, verre. — La peinture décorative, en Grèce, a joué un grand rôle ; on retrouve sur tous les anciens monuments des traces de coloris, les sculptures étaient rehaussées de riches couleurs, et à l'intérieur les temples étaient ornés de grands tableaux peints sur bois. Les maisons de riches particuliers étaient décorées de belles peintures exécutées sur les murailles, des boucliers même furent ornés de peintures.

Les Romains suivirent l'exemple des Grecs. Leurs palais et leurs demeures étaient ornés et décorés de peintures représentant des sujets souvent tirés de l'*Iliade* ou de l'*Odyssée;* ils suspendirent dans leurs temples les tableaux arrachés aux temples grecs après la conquête de la Grèce. Les peintures retrouvées à Pompéi nous montrent ce qu'était la peinture sous les Romains. Les terres cuites modelées et coloriées, ainsi que les mosaïques, ont été fréquemment employées dans le système décoratif mural. Les mosaïques ont généralement été employées dans le pavage des appartements ainsi que les marbres les plus précieux avec des incrustations de métaux et marbres de couleurs.

Le verre a servi aussi sous plusieurs formes à la décoration; des plaques de verre peint et doré ornaient les plafonds et les murs; des bas-reliefs, moulés en verre, étaient enchâssés dans des cadres en bois et ont fait aussi partie d'ornementation murale.

Quoique les fenêtres étaient en petites quantités dans la disposition des habitations romaines et que beaucoup d'entre elles étaient closes par de simples rideaux ou par de petits treillages très serrés, les Romains se sont servis de croisées vitrées dont les feuilles de verre à vitre étaient prises entre deux rainures, ce qui n'excluait pas l'emploi du talc, de l'albâtre et autres pierres spéculaires.

On fait remonter aux premiers temps de l'empire l'introduction du verre à Rome.

ARCHITECTURE NATIONALE

Les traditions gauloises nous ont laissé bien peu de notions précises sur les constructions des premiers Gaulois. Des huttes et des cabanes paraissent avoir été les seuls abris dont ils se servaient.

Les habitations avant l'invasion romaine, au dire d'historiens romains, étaient construites moitié dans la terre et moitié hors de terre avec des pierres mal jointes et un mauvais mortier à base de terre. Les constructions défensives étaient les plus importantes. Les remparts, formés de grandes pièces de bois fortement reliées par d'autres poutres consolidées par des lits de pierres, et un revêtement en terre, abritant le bois et la pierre, complétait ces solides défenses, entourées ensuite d'un fossé.

Sous la domination romaine, les Gaules se

2.

couvrirent de maisons, de villas, de monuments, tels que palais, arcs de triomphe, théâtres, cirques, etc. Ce fut l'époque gallo-romaine.

C'est à partir des quatrième et cinquième siècles que les antiquaires et les archéologues prennent le point de départ de notre architecture nationale (1), dont les diverses périodes ont donné naissance à différents styles dont voici la classification pour le moyen âge, c'est-à-dire depuis la chute de l'empire romain, cinquième siècle, jusqu'à l'époque de la Renaissance, seizième siècle :

Style latin ou Roman primitif.	Du Ve au Xe siècle, 1re période.
— *Roman secondaire.*	XIe siècle et première partie du XIIe siècle.
— *Roman de transition.* (*Ogive et plein cintre.*)	Seconde partie du XIIe siècle. (Les deux derniers tiers), 2e période.
— *Ogival primaire.*	XIIIe siècle, 3e période.
— — *secondaire.*	XIVe siècle.
— — *tertiaire.*	XVe siècle et commencement du XVIe siècle.

Du cinquième au dixième siècle, ce fut l'architecture romaine dégénérée, appelée par les uns style latin, par d'autres style roman, qui fut le style de cette période ; il nous reste trop

(1) Voyez *Élém. d'arch. nation.*, L. Batissier; *Cours d'antiquités* de Caumont; *les Arts au moyen âge*, Dusommerard; *les Antiquaires anglais*, Milner, Dallaway, etc.

peu de chose des constructions de ce temps pour permettre de bien préciser ce qu'était généralement ce genre d'architecture.

Il est évident que des influences étrangères ont importé en France leurs modes d'architecture qui, en s'alliant au roman dans de certaines contrées, ont fait que ce style tenait quelquefois du grec, du byzantin ou du mauresque. Ces influences pourraient être dans le Midi la conservation persistante des pratiques romaines, l'établissement des Arabes en Provence au commencement du huitième siècle, et enfin les artistes grecs ou byzantins appelés en France par quelques-uns de nos rois mérovingiens et carlovingiens.

La dénomination d'architecture de style roman vient du nom donné à la langue latine dégénérée dite langue romane.

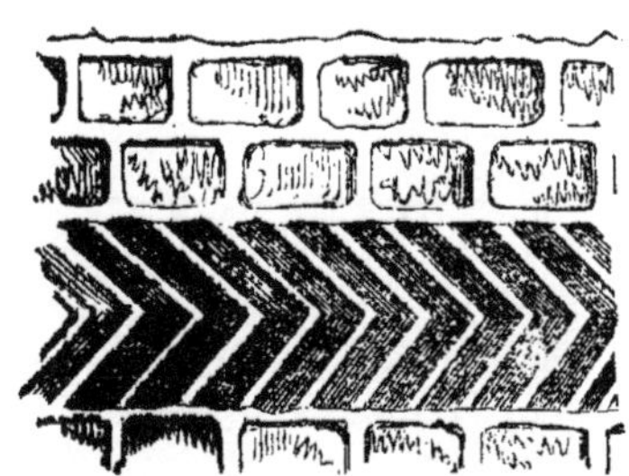

Petit appareil (avec l'opus spicatum).

L'appareil le plus usité est le petit appareil romain en pierres cubiques; le grand appareil ne paraît pas avoir été souvent employé, mais on rencontre l'appareil moyen et l'appareil réticulé. La brique est souvent employée dans le petit appareil, soit pour redresser les assises de pierres et en maintenir le niveau, soit comme système d'ornementation.

Les fenêtres étaient à plein cintre, reposant

Appareil réticulé.

sur des pieds droits ; l'arcade est formée de voussoirs cunéiformes, quelquefois séparés par une ou deux et trois briques placées sur champ.

Les voussoirs sans briques intercalées entre eux sont alors séparés par une forte épaisseur de ciment ou de mortier. Les portes sont carrées et le linteau est surmonté d'un arc de décharge pris dans la maçonnerie; l'arcade repose presque généralement sur des pieds droits ou sur des pilastres; vers la fin de cette période, les cintres reposent sur deux colonnettes.

Les frises et les archivoltes sont partout supprimées; il ne reste que de simples corniches reposant sur des modillons très simplement taillés.

Les colonnes sont rondes et sont surmontées de chapiteaux rappelant souvent la corbeille corinthienne; quelquefois les cintres des arcades retombent sur des piliers carrés dont les angles sont chanfreinés.

Les ornements et les détails sont toujours à peu près les ornements gallo-romains, mais d'une exécution maladroite, presque barbare. Les mosaïques en cubes émaillés et dorés ainsi qu'en cubes de verres de couleurs ont été fréquemment employées dans la décoration murale, de même que les peintures qui se sentaient, comme exécution, des peintures byzantines.

L'emploi de pierres de différentes couleurs et de briques formant des dessins se trouve dans le système décoratif des murailles. Ces considérations sont générales et elles s'appliquent à l'architecture civile, religieuse et militaire.

Les plans et la distribution intérieure des monuments de différents genres ainsi que des habitations du cinquième au dixième siècle ne peuvent être qu'appréciés et supposés; il est

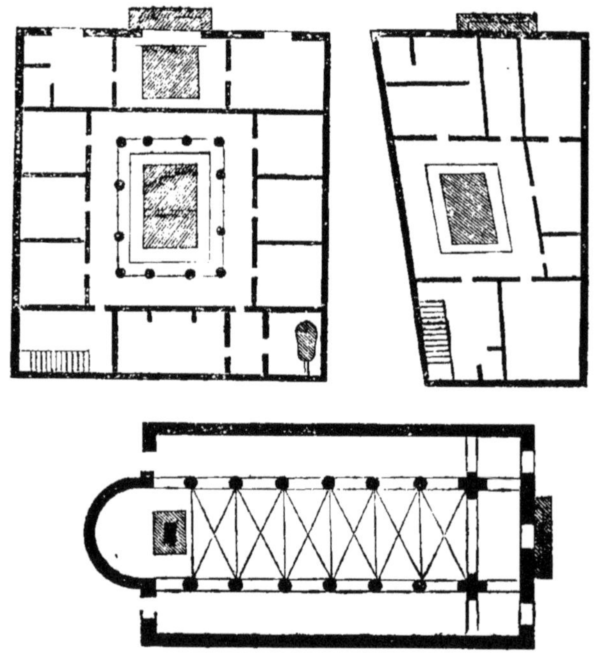

Plan de basilique et plans de maisons romaines.

certain que les traditions romaines ont été en

cela encore maintenues et suivies, en dégénérant sans doute suivant les besoins et la pénurie de cette pauvre époque.

Les basiliques, qui servaient de lieux de réunion, d'affaires publiques et d'intérêts de tribunal, quelquefois aussi de bazars, devinrent des églises : ce fut donc le plan primitif des monuments religieux.

Les maisons romaines donnèrent les plans des habitations ; les villas des campagnes et les grandes habitations romaines donnèrent certainement les plans des établissements monastiques.

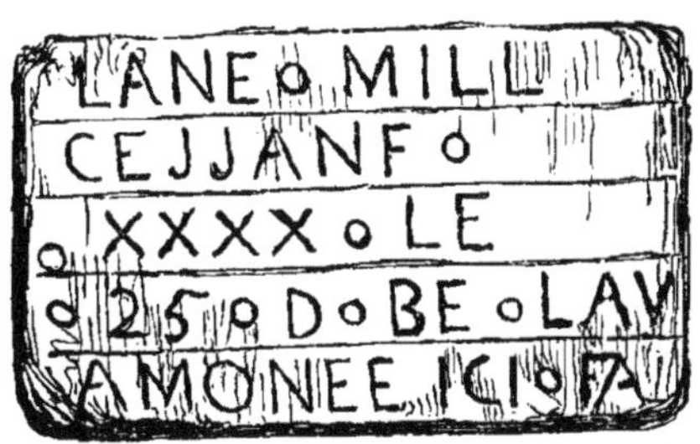

Inscription du Xe siècle, scellée dans un mur rue de Charenton, à Paris.

Inscription du Ve siècle.

Inscriptions (Paléographie murale). — Les lettres gravées avaient toutes la forme des lettres capitales romaines, quelques rares inscriptions étaient en lettres onciales. Vers le dixième siècle, les lettres se trouvent disposées entre deux lignes, de petites lettres sont enclavées dans les grandes et entre les grandes lettres.

ÉPOQUE ROMANE SECONDAIRE

L'an 1000, passé le onzième siècle, s'inaugura par une activité prodigieuse dans les travaux d'art ; partout on bâtissait, on réparait les désastres des siècles passés, on relevait les églises détruites, et la France se couvrit de constructions magnifiques. L'Occident, effrayé par la croyance au règne de l'antechrist, avait vu s'écouler l'an 1003 sans cataclysme, et, secouant la torpeur qui enveloppait tous les esprits, la société se renouvela et nos artistes purent alors développer toutes les ressources de leur art.

L'Orient ne fut peut-être pas étranger à la naissance de notre architecture nationale; ce qui avait été bâti avant le dixième siècle n'offrait rien de bien solide et de durable, les architectes durent donc s'inspirer de ce que leur apportait l'influence des sciences étrangères. Les arcs à trois ou cinq contre-lobes, les coupoles en pendentifs, les ornements fantasques, les figures drapées dans le goût byzantin viennent à l'appui de cette supposition. N'y retrouve-t-on pas en effet des rapports avec les détails des monuments chrétiens de la Syrie, ainsi qu'une similitude partielle avec l'architecture arabe et l'architecture byzantine? Mais malgré cela il s'est élevé en France des monuments n'ayant rien d'étranger et d'une originalité incontestable.

Appareils. — Le grand appareil, l'appareil moyen et le petit appareil, ainsi que l'appareil réticulé, sont employés presque généralement dans les constructions de cette période; en plus, des appareils de fantaisie s'y rencontrent composés de pierres hexagones emboîtées les unes dans les autres, de pierres pentagones jointoyées avec du ciment de couleur, des pierres en losanges disposées de différentes manières, des revêtements de pierres disposées en forme de marqueterie dans lesquels on a employé des matériaux de différentes couleurs, tels qu'on en voit en Auvergne. Dans l'ouest de la France on rencontre des constructions dont les murs ont des pierres disposées en arêtes de poisson (*opus spicatum*), enfin des églises de peu d'importance sont construites en moellons.

Considérations générales. — Toutes les ouvertures, baies de fenêtres, de portes et arcades sont à plein cintre, c'est le plus commun ; il y en a de rectangulaires et de trilobées, quelquefois l'arcade est à cintre surélevé ou à cintre surbaissé, celui-ci est employé fréquemment dans les constructions souterraines. Les fenêtres sont de grandeur moyenne, souvent étroites et allongées, le cintre repose sur des pieds droits ou sur des colonnes. Les archivoltes sont quelquefois lisses et souvent ornées de moulures ; à la fin du onzième siècle et au douzième siècle les fenêtres sont très élégantes, aux étages supérieurs les fenêtres sont géminées, quelquefois triples.

L'arcade en mitre ou triangulaire s'observe aussi quelquefois, c'est une reproduction bien ancienne dont on retrouve le type dans d'anciennes constructions de Constantinople, du Caire, de Rome, et en Grèce.

Les roses, ouvertures rondes (œil de bœuf), sont très simples et rares au onzième siècle, mais elles prennent de l'importance au douzième siècle, elles s'ornent d'abord de contre-lobes, de zigzags, de frettes, etc. Puis des colonnettes partant du centre de la rose, forment des arcatures simulant une roue, c'est le point de départ des belles roses des périodes ogivales.

Les portes furent d'abord d'une grande simplicité, à la fin du onzième siècle et au dou-

Porte sans colonnes.

Porte à quatre archivoltes.

zième siècle elles s'enrichirent, les archivoltes se multiplièrent, les moulures saillirent les unes au-dessus des autres et les colonnes s'augmentèrent afin de les supporter ; l'ornementation en fut très riche, et quelquefois les colonnes et les pilastres sont supprimés pour faire place aux moulures et aux ornements.

Quelques détails d'ornements typiques suffiront à donner l'idée des ornements de cette époque.

La façade des murailles dans les grands

édifices est souvent décorée d'arcades simulées, soit simples, soit entrelacées.

Colonnes. — Les fûts très variés sont renflés, cylindriques, coniques, fuselés, et vers le douzième siècle sont chargés d'ornements tels que cannelures, spirales, losanges, godrons, chevrons, frettes et postes.

Les piliers formés d'abord de gros fûts cylindriques, courts et pesants, forment ensuite un assemblage de demi-colonnes engagées sur un pilier carré ou un pilier cruciforme avec colonnes dans les angles.

Les chapiteaux sont aussi variés à l'infini, quelques-uns rappellent la corbeille corinthienne, d'autres sont historiés et représentent des scènes historiques ou des allégories religieuses et fantasques, l'exécution en est généralement barbare, les personnages sont trapus et difformes, les figures symboliques, les feuillages, les nattes ainsi que les ornements orientaux ont servi souvent à la décoration des chapiteaux, mais alors sous un aspect agréable. Tous les chapiteaux sont composés d'une corbeille et d'un tailloir de forte proportion orné de moulures antiques d'un profil altéré et souvent nombreuses. Les bases sont une dégénérescence de la base attique, quelquefois un tore et une scotie ne font plus qu'un, ailleurs le listel supérieur est supprimé, quelquefois encore il n'y a qu'un tore au lieu de deux.

Les corniches et les modillons offrent un grand nombre de variétés, on les trouve au sommet des murs gouttereaux et des murs des absides à l'extérieur des églises, quelquefois aux couronnements des façades de châteaux et de maisons; les corniches, qui ne sont souvent que de simples tailloirs biseautés et ornés de dents de scie, de frettes ou billettes, sont chanfreinées avec ou sans congé et sont supportées par des corbeaux à têtes grimaçantes, de chimères, de monstres ou de figures d'hommes contorsionnées grotesquement. D'autres modillons sont en forme de consoles élégantes, quelques-uns portent l'image d'ustensiles usuels, et d'autres n'ont aucune analogie.

Ces deux genres de voûtes employées sont les voûtes en berceau qui sont des voûtes cylindroïques renforcées par des arcs-doubleaux, et les voûtes d'arêtes.

Les voûtes d'arêtes recouvrent les bas-côtés des églises, les voûtes en berceau recouvrent les nefs. Dans les châteaux et les monuments les voûtes en berceau recouvrent les grandes salles et les galeries, et on trouve les voûtes d'arêtes dans les salles des tours et donjons ainsi que les salles souterraines. Les arcs-doubleaux des voûtes en berceau, séparant chaque travée, sont rectangulaires; vers le douzième siècle les arêtes en sont abattues, ils sont chanfreinés.

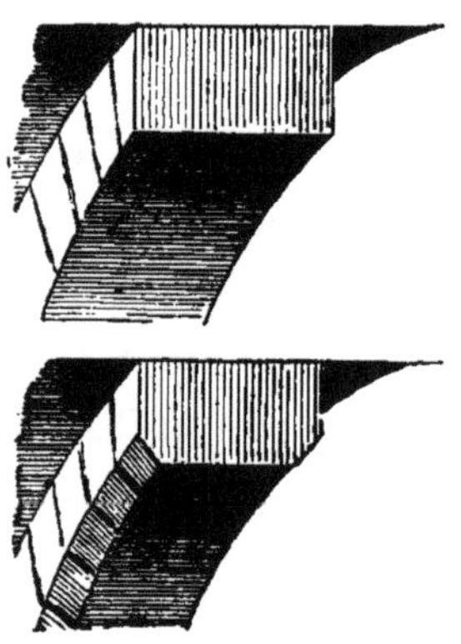

A l'extérieur les murs surchargés d'une voûte sont solidifiés d'espace en espace par des contre-forts dont les uns ne sont qu'une sorte de pilastre montant jusqu'à la corniche, d'autres plus épais, disposés en éperons, se terminent par une pente en toiture, un autre genre ressaute de hauteur en hauteur et se termine en pignon ; quequefois vers le douzième siècle il se trouve des colonnettes aux angles des contre-forts.

Le pavage des grandes églises et des châteaux importants était des mosaïques et des incrustations ou marqueterie de marbres et pierres de couleur. Les carreaux de terre cuite émaillée étaient déjà en usage au onzième siècle. La vitrerie pour la clôture des fenêtres et des ouvertures qui ajouraient les monuments civils ou religieux, ainsi que les habitations, était l'emploi de morceaux de verres de petites dimensions, de formes régulières et irrégulières, sertis et enchâssés entre de petits plombs à doubles rainures, et soutenus ensuite, suivant la grandeur et l'importance de la fenêtre, par une armature en fer plus ou moins forte qui reliait et solidifiait l'ensemble du vitrail. La peinture sur verre fut employée dans les grandes verrières de cette époque ; les couleurs brillantes sont crues et d'une grande vigueur, les morceaux de verre un peu gondolés, comme si cela était fait pour obtenir un centre lumineux, avec un côté ou une face un peu dépolie qui augmente l'intensité du coloris. Les gris et les bruns sont ternes et sans éclat ; les fonds étaient souvent incolores et les petits plombs dessinaient les contours des figures ou des ornements.

Un autre genre de clôture était des découpures pratiquées dans la pierre ou des trous percés dans la maçonnerie, derrière lesquels on plaçait des morceaux de verre ou on tendait une toile.

La statuaire. — Soit bas-reliefs, soit statues, au onzième siècle les figures sont lourdes, bizarres et difformes. Au douzième siècle les formes deviennent plus correctes, les statues sont de plus grandes dimensions, raides, allongées, ayant presque toutes une physionomie identique, d'une expression calme, vêtues de longues tuniques avec un manteau s'ouvrant sur le devant ; les étoffes plissées dans le sentiment byzantin sont riches, bordées de galons et de pierreries.

La peinture murale paraît avoir été très étendue et être appliquée aux grands édifices pendant les onzième et douzième siècles, les églises avaient leurs voûtes et leurs murailles couvertes de peintures. Ces peintures répétaient soit en ornements, soit en figures, les détails architectoniques ainsi que les personnages et les sujets de la sculpture ; les tons sont ocreux, les nuances sont dures et ne sont que des teintes plates, les ornements et les figures sont sertis d'un filet noir ou de teinte brune. Les grandes salles de châteaux et les chambres des seigneurs étaient aussi décorées de peintures, quelques meubles tels qu'armoires et bahuts furent à cette époque peints et décorés.

Le mobilier était fort restreint au onzième siècle et d'une grande simplicité, la face des meubles était lisse et les ferrures apparentes; au douzième siècle, les meubles s'enrichirent de moulures et d'ornements sculptés étant toujours une répétition de l'ornementation architecturale.

Les cuivres émaillés des onzième et douzième siècles sont encore très répandus, ceux du onzième siècle sont empreints de la même simpli-

cité que l'architecture de l'époque; au douzième

siècle les coffrets, les crosses d'évêques et d'abbés, ainsi que les reliquaires, chandeliers, couronnes de lumière, châsses et vases de toutes sortes sont très riches. Le goût byzantin s'y fait sentir et le dessin de l'ornementation est toujours celui de la peinture et de l'architecture, il en est de même pour le fer forgé.

Ci-dessus quelques échantillons d'ornements peints des onzième et douzième siècles, ainsi que des dessins de divers objets en cuivre émaillé.

Inscriptions. — Les lettres gravées dans les

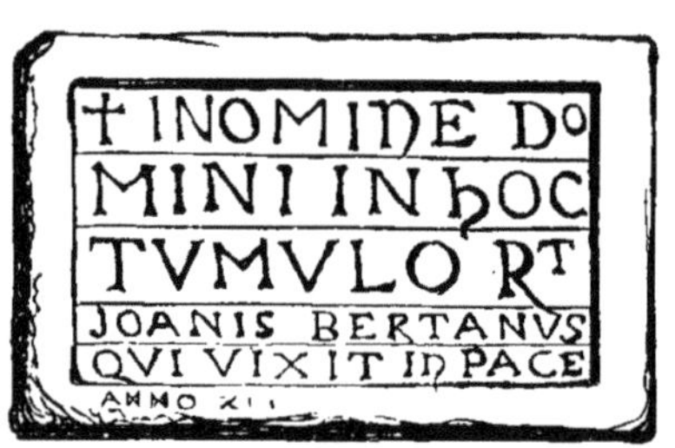

Inscription du XIe siècle

inscriptions murales n'ont pour ainsi dire pas changé dans le cours des dixième, onzième et

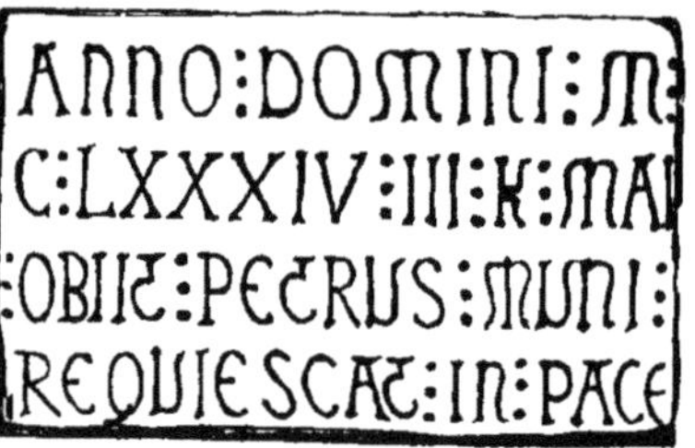

Inscription de la fin du XIIe siècle.

douzième siècles. C'est toujours les lettres capitales romaines ; seulement en approchant du treizième siècle, les lettres s'allongent, les jambages de certaines lettres dépassent les lignes et d'autres prennent une forme arrondie ; elles sont alors désignées sous le nom de lettres onciales.

De quelques remarques principales pour

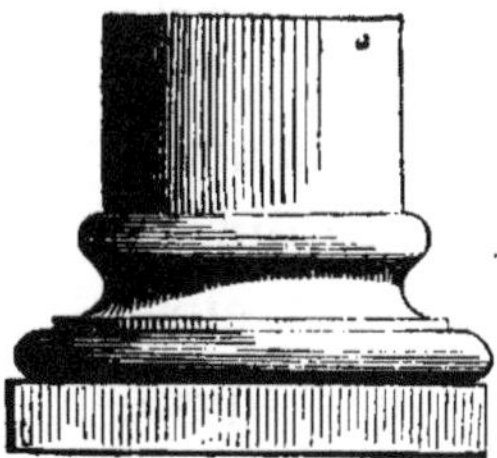

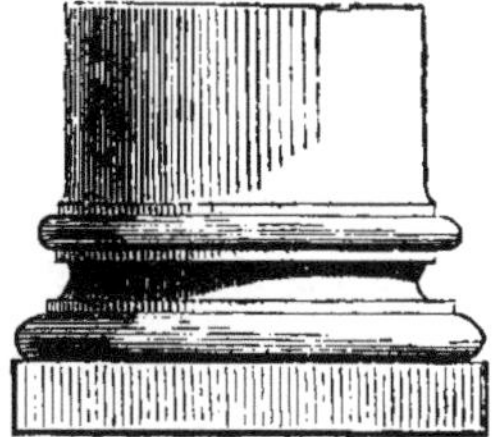

Bases romanes. Base attique.

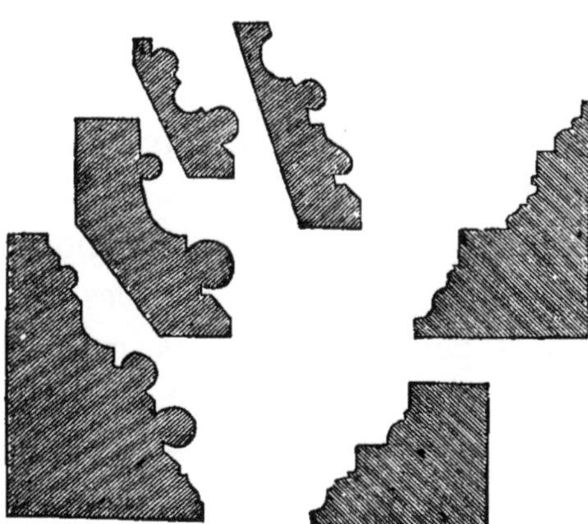

Moulures antiques et romanes.

apprécier le caractère du style roman secondaire (sixième siècle et première partie du douzième siècle). — Profils de moulures romanes en regard de profils de moulures antiques romaines et indication de la dégénérescence du tore et de la scotie.

Au douzième siècle les figures entrent dans l'ornementation extérieure des édifices, on les superpose dans les arcatures entre les moulures des archivoltes.

Les dais ou couvre-chefs prennent naissance au-dessus des statues posées droites en saillie le long des murs ou des piliers, ces dais sont cintrés, couronnés de petits édifices; les plus simples sont les plus anciens.

C'est aussi au douzième siècle qu'on remarque la griffe ou patte, feuillage qui sort du tore inférieur d'une base pour couvrir l'angle du dé, de même que les tores et baguettes ornés d'oves, perlés, torsades, etc., sont un caractère spécial du douzième siècle.

On doit observer les différences régionales qui existent dans différentes contrées, les principes généraux sont partout les mêmes, mais les détails décoratifs changent suivant les matériaux et les moyens d'exécution de ces contrées.

Ainsi le roman auvergnat est une sorte de marqueterie. Le roman normand est sculpté et ses ornements sont des têtes plates, des zigzags, des frettes, des billettes, méandres, chevrons brisés, étoiles, imbrications, nattes et losanges. Le roman bourguignon a ses ornements qui sont des espèces d'oves fleuris, des torsades, des fleurs crucifères, des rosaces, des enroulements de végétaux et des feuillages larges et saillants. Le roman alsacien ou germanique a des ornements qui tiennent de l'imbrication, des boules et des feuilles d'un arrangement tout particulier. Le roman poitevin a des ornements méplats consistant en rinceaux et rubans perlés, palmettes et enlacements perlés. Cependant, malgré ces observations on rencontre des exceptions et quelquefois on trouve dans des contrées opposées des détails qui se ressemblent.

En Provence le style roman a persisté plus longtemps que dans les autres contrées. Sur les bords du Rhin le plein cintre fut aussi employé longtemps après l'adoption de l'ogive.

ROMAN DE TRANSITION

'APPARITION de l'ogive dans la seconde moitié du douzième siècle est un acheminement vers le changement dans l'architecture qui devait s'opérer plus tard. L'ogive employée concuremment avec le plein cintre n'a d'abord rien changé aux détails architectoniques, aux plans et à l'ensemble des monuments. La première partie du douzième siècle avait été féconde en progrès dans l'art de bâtir, de forger le fer, de former des peintres et des sculpteurs ; si, à part l'ogive, un changement est donc à remarquer dans l'époque de transition, ce n'est que la continuation de

ce progrès, plus de richesse dans l'ornementation et davantage de soins et de fini dans le travail.

Les meubles tels que formes ou stalles, lits, siéges et tables s'enrichissent d'incrustations et de sculptures qui sont relevées par des fonds de couleur et fonds d'or, les ornements sont aussi quelquefois coloriés et la peinture mélangée avec la sculpture du treizième siècle.

Remarque. — Les voûtes d'arêtes s'enrichissent et se renforcent sur leurs arêtes de moulures appelées arêtiers croisés. Les arcs-doubleaux acquièrent aussi une moulure à leurs angles.

PÉRIODE OGIVALE

(XIIIe siècle)

STYLE OGIVAL DIT EN LANCETTE

L'ogive, à bien considérer, n'a pas créé un style quoique elle en soit l'élément principal. C'est pourquoi il faut se reporter d'un tiers en avant dans le treizième siècle pour trouver au complet le style ogival.

Ce qui caractérise l'architecture gothique, ce n'est pas seulement l'arc de cercle brisé qui forme l'ogive, mais aussi la transformation que subissent les moulures et leurs dispositions, les colonnes s'allongent et prennent des formes sveltes et élancées, les piliers carrés et cylindriques s'allégissent et s'enveloppent de colonnes dégagées et engagées, l'ensemble change

complètement. A l'extérieur des monuments les contre-forts prennent un développement considérable et la hardiesse de ces arcs-boutants est remarquable. L'ornementation suivit aussi l'influence de cette transformation qui s'est accomplie pendant la première partie du treizième siècle.

Considérations générales. — L'ogive remplace le cintre dans toutes les ouvertures et aussi dans l'ornementation du plein des murs. C'est l'ogive en lancette qui domine au treizième siècle, on a employé aussi des arcs à trois et cinq contre-lobes ainsi que l'arcade ogive en pendentif.

Les appareils en arêtes de poisson, feuilles de fougère et en échiquier cessèrent complètement d'être employés, les ornements perdirent aussi complètement le sentiment byzantin et oriental, et ce fut la flore nationale qui fournit alors aux peintres et surtout aux sculpteurs les motifs d'ornements décoratifs qu'ils empruntèrent aux plantes et aux fleurs du pays. Les voûtes subissent les mêmes variations que les arcades, elles sont ogivales, au croisement des moulures arêtières, au sommet de la voûte surgit un fleuron. Les arcs-doubleaux augmentent de volume et de moulures, de même que les archivoltes des arcs formerets ; les entablements et cordons de moulures prennent du développement et les corniches s'ornent de feuillages ou ornements entablés à crochets.

Les ornements à crochets ornent aussi les gables et les rampants de pignons, ces ornements sont à crochets ou à crosses, on les emploie sur les angles des pyramidions et des flèches. Les dais acquièrent de la richesse et une grande importance, les statues prennent du mouvement, de la souplesse et de l'expression, et les bas-reliefs sont multipliés et répandus à profusion. Les vitraux de couleur furent adoptés partout; ils sont très brillants et d'un grand effet, et ils se reconnaissent au style de l'ornementation et des figures qui ont subi le changement et le progrès de l'architecture.

La peinture murale était fort répandue au treizième siècle, elle marchait de pair avec les progrès de l'architecture et de la sculpture, elle répétait en peinture les figures, les sujets et les ornements de la sculpture.

Le mobilier s'augmenta et s'enrichit, les boiseries et les meubles reçurent en sculpture les mêmes moulures, les même ornements et le même aspect que l'architecture.

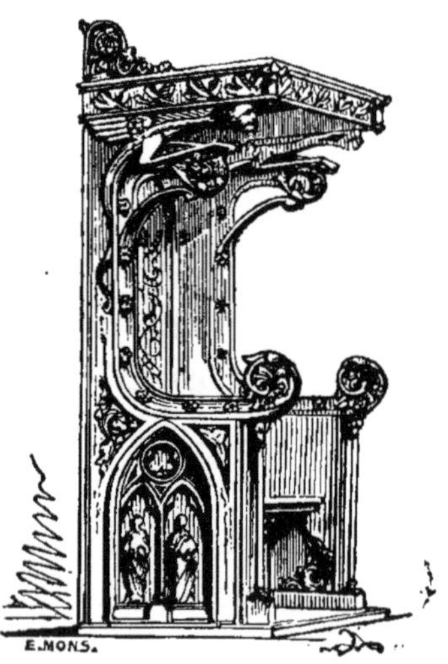

Le fer forgé et la serrurerie furent employés avec luxe à la garniture des portes pour l'extérieur

des monuments ; les portes dites bardées étaient couvertes de rinceaux et enroulements en fer d'un très bel effet, les poignées et marteaux de portes étaient très élégants, et les ferrures des meubles, pentures, vertevelles, etc., étaient d'un travail très soigné.

Les pavages en terre cuite émaillée sont presque généralement employés et quelquefois mélangés aux carreaux de terre cuite. C'est à cette époque que les pierres tombales se répandirent dans le pavage des églises ; elles sont presque toutes couvertes de gravures.

Inscriptions.—Les lettres de cette époque se modifient en partie. Voici une inscription du

5

treizième siècle qui fera comprendre le changement opéré.

ANO·DOMINI·MCCVL·
REGANTE·LUDOVICO·NONO

Remarques principales pour apprécier le style ogival primaire. — Les moulures de chaque époque ont un caractère tellement marqué qu'il est facile de s'exercer à les connaître; les ornements sont de même; chaque demi-siècle offre une variation pour les unes ainsi que pour les autres; la forme et le fini du travail conduisent au résultat immédiat pour l'œil du chercheur; le style se découvre alors de lui-même. Il suffit pour les moulures de suivre la déviation des

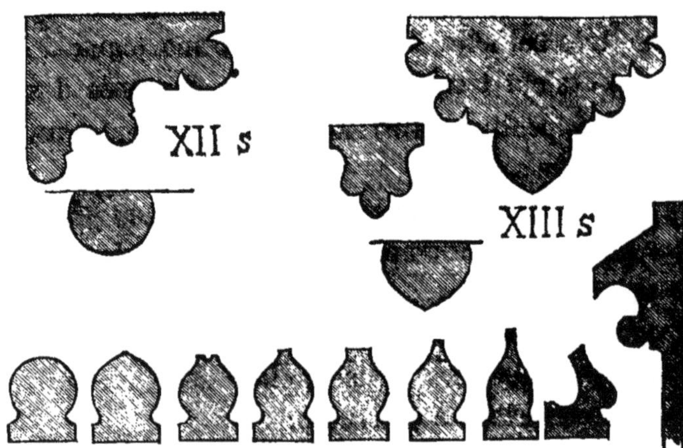

courbes saillantes ou creuses pour se renseigneer.

Exemple : en prenant le gros tore des moulures du douzième siècle pour point de départ, et en suivant sa transformation de demi-siècle en demi-siècle jusqu'à la fin du quinzième siècle, on trouvera facilement l'époque et le style auxquels les moulures appartiennent.

Le tore, au treizième siècle, prend un peu la forme de l'ogive, puis la pointe commence ensuite à former un filet saillant sur le tore. Au quatorzième siècle le tore s'allonge et au quinzième siècle il disparaît peu à peu en se fondant en quelque sorte dans les courbes creuses des moulures.

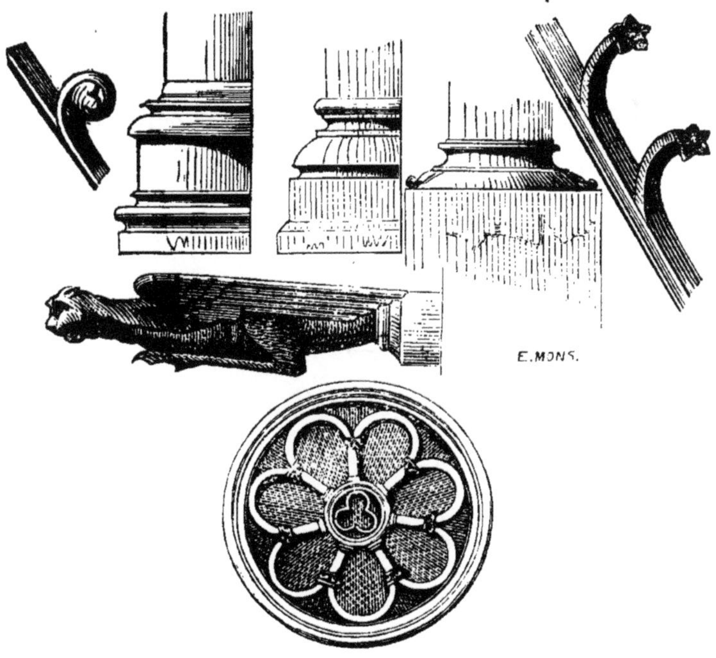

Les faisceaux de colonnettes et de colonnes, les colonnes détachées, les colonnades à claires-voies sont encore un caractère expressif du treizième siècle.

Les contre-forts, en plus de leurs utilité pour solidifier les édifices, servent à la conduite des eaux pluviales et donnent naissance aux gargouilles.

La hauteur et le grandiose des édifices sont remarquables.

STYLE OGIVAL SECONDAIRE

DIT RAYONNANT

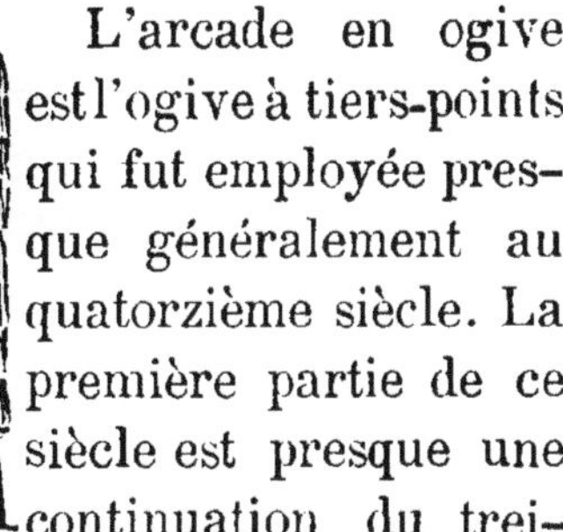

L'arcade en ogive est l'ogive à tiers-points qui fut employée presque généralement au quatorzième siècle. La première partie de ce siècle est presque une continuation du treizième siècle, et la différence qui fait passer le le style ogival primaire au style ogival secondaire est un amaigrissement général des détails, et si ce style gagne en élégance, il perd dans la pureté et la grandeur des formes qu'avait l'architecture du treizième siècle.

Considérations générales. — Les fenêtres s'élargissent et se composent souvent de deux grandes ogives géminées surmontées d'un cercle à quatre ou six contre-lobes. Les colonnes et colonnettes sont plus minces et plus grêles qu'au siècle précédent, les bases s'appuient sur des socles d'une grande importance, et il y a dans un pilier autant de socles saillants qu'il y a de colonnes ou de colonnettes groupées ensemble ; ils sont prismatiques et ont des angles saillants. Les bases des colonnes et les moulures des socles ne

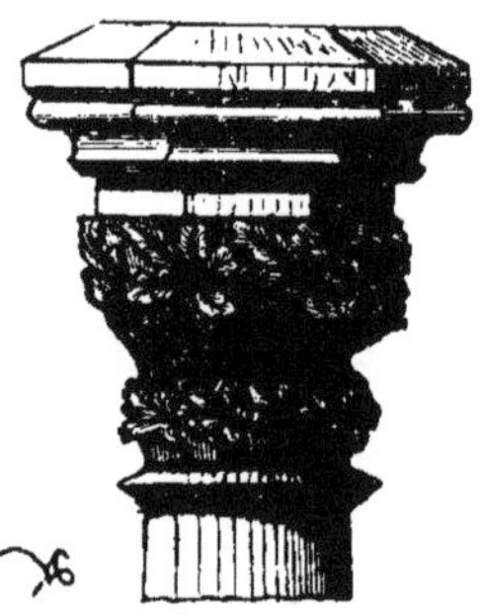

conservent pas toujours la même hauteur dans un même groupe ou pilier ; les chapiteaux s'allongent et se couvrent de feuillages élégants disposés presque généralement sur deux rangs. Les motifs décoratifs sont restés les mêmes qu'au treizième siècle, seulement les arcatures simulées prennent la même physionomie que la combinaison des fenêtres qui augmentent en divisions et sont ornées de trèfles à quatre feuilles intercalées entre les ogives. Les roses prennent de plus grandes dimensions qn'au treizième siècle, les meneaux qui les divisent en un assez grand nombre de compartiments sont reliés par les mêmes combinaisons de dessin que les fenêtres.

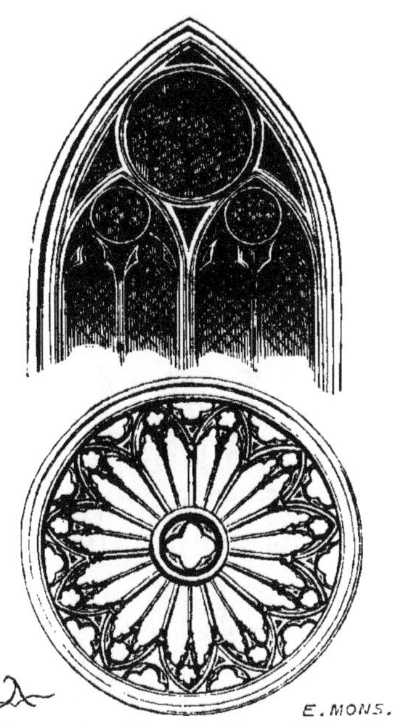

Les corniches sous les toits, dans les entablements, et dont les cordons de moulures sont ornés de rinceaux d'ornements à feuillages délicats et élégants.

Les gables et les rampants de pignons sont ornés de crochets qui diffèrent par la forme de ceux du treizième siècle, on les place plus près les

uns des autres autres et on les emploie à profusion.

Les balustrades sont souvent ajourées et sont décorées de trèfles quatre feuilles et de rosaces encadrées. Les dais ou couvre-chefs sont en forme de chapiteaux à pendentifs en ogive ou ils sont, comme ceux des siècles précédents, à frontons avec tours, ou ils imitent un château ; ils ont toutefois plus d'importance et sont plus allongés.

La statuaire a plus de fini, les figures ont plus de recherches ; elles perdent de leur naïveté et les draperies sont plus tourmentées qu'au siècle précédent.

La peinture murale suit le système et les formes du dessin de l'architecture qui est polychrome ; les chapiteaux, les fûts de colonnes les statues sont coloriés. Les rouges et les jaunes sont ocreux; les bleus et les verts sont plus brillants.

Les vitraux subissent encore l'influence des progrès et des changements de l'architecture; le dessin est plus correct, les figures et les draperies sont modelées, ce n'est plus un simple trait avec des hachures comme au siècle précédent. Les morceaux de verre sont plus grands et les petits plombs servent beaucoup moins à dessiner les contours; les figures sont couronnées de dais d'une riche architecture dans des tons clairs, et en général l'effet est moins coloré qu'au treizième siècle.

Sauval nous apprend qu'à cette époque on commença à décorer les fenêtres des palais et des châteaux de verres de couleurs et que les seigneurs y firent peindre des portraits et leurs armoiries.

Inscriptions. — On trouve dans les inscriptions l'emploi des lettres minuscules. L'écriture cursive est employée fréquemment.

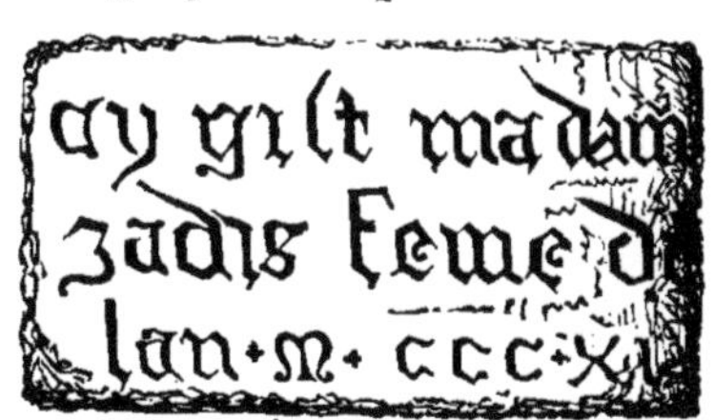

STYLE OGIVAL TERTIAIRE

DIT FLEURI OU FLAMBOYANT

Cette époque, qui est la dernière transformation du style ogival, peut être considérée pour en être la décadence, les moulures cylindriques disparaissent complètement pour faire place aux moulures anguleuses et prismatiques, et les monuments de cette époque sont d'une grande facilité à reconnaître à première vue.

L'élégance des détails ainsi que la finesse extrême d'exécution des ornements sont fort remarquables et surpassent en légèreté ce qui a été fait jusqu'alors. Ce sont les détails qui font la valeur des monuments de cette époque qui en réalité ont perdu l'importance et la grandeur des monuments des treizième et quatorzième siècles. L'arcade en ogive équilatérale est employée concurremment avec l'ogive en accolade et l'ogive en anse de panier.

Les colonnes sont cylindriques ou octogones. Les chapiteaux sont très élégants et les moulures qui descendent des voûtes ou des arcs-doubleaux viennent se souder au tailloir du chapiteau et pénétrer pour ainsi dire au travers.

Les piliers sont des faisceaux de moulures prismatiques sans chapiteaux. Ce sont les archivoltes des arcs-doubleaux et des arcs-formerets ou les nervures des voûtes qui se réunissent et descendent autour du pilier disparaissant quelquefois à une certaine hauteur, le bas du pilier devenant alors lisse et cylindrique; très souvent ces moulures sont reçues sur de petites bases en forme de balustres s'élevant sur des socles intercalés et de différenteshauteurs. Quelques piliers ont des nervures en spirales.

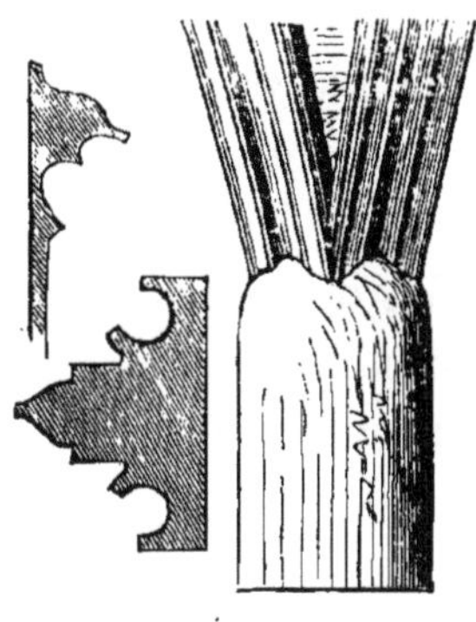

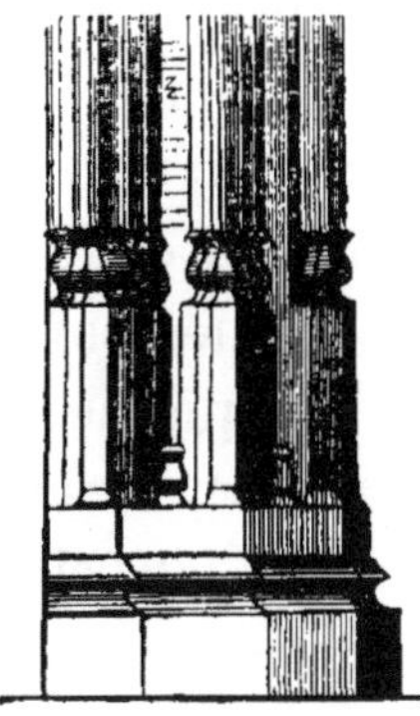

Les ornements sont tirés des feuillages de choux frisés, des feuilles de chardon et de vigne. Les fleurs, les rubans et les animaux font partie de l'ornementation, la disposition et l'agencement des enroulements sont savamment combinés et fouillés avec une grande délicatesse.

Les crochets ou crosses, appelés alors choux, se déjettent dans une position presque horizontale et on en garnit les gables et les rampants de pignons, les ogives et les arêtes des clochetons et pyramides. Le sommet des ogives et des clochetons, ainsi que le sommet des pignons, se terminent par un fleuron ou bouquet de feuillages épanouis.

Les festons à jour, espèce de dentelle de pierre, caractérisent la seconde partie du quinzième siècle; on en voit aux portes, aux fenêtres, aux chapiteaux et aux voûtes. Les balustrades sont très richement ornées de trèfles de quatre feuilles ainsi que de combinaisons géométriques très élégantes; elles sont ajourées et d'un effet d'une grande légèreté.

Les panneaux qui ornementent le nu des murs et remplacent les divisions de meneaux et d'ogives des siècles précédents ont alors un caractère tout particulier; en voici un spécimen orné de pinacles, sortes de pyramides à quatre pans, employés très souvent en application sur les murs à cette époque, soit au-dessus des contreforts, soit supportés par des figures d'animaux.

Les lucarnes, les fenêtres et les roses sont très remarquables et prennent une grande part dans la décoration architecturale extérieure des édifices.

Les lucarnes en pierre sont élégamment ornementées, elles sont d'une dimension imposante et d'un effet très agréable. Ces lucarnes sont souvent reliées entre elles par une balustrade à jour.

Les fenêtres sont très larges et l'ogive est enrichie de moulures découpées à jour formant des figures curvilignes ondulées dans tous les sens.

Les roses sont ornées de la même façon : ce sont des cercles, des trèfles, des quatre feuilles contournés et capricieux qui les décorent. C'est ce genre d'ornementation qui a fait appeler le style de la troisième époque ogival flamboyant.

Les dais sont le plus souvent en forme de chapiteau couvrant une petite voûte d'arête et surmonté d'un clocheton à jour ou d'un pinacle, quelquefois il ne se compose que du dais seul.

Les portes sont richement encadrées de moulures qui s'élèvent en doucine au-dessus de l'ogive, elles sont ornées de sculptures très fouillées et de festons, quelquefois l'ogive elle-même est en doucine, et vers la fin du quinzième siècle et au seizième siècle les portes sont presque toutes en accolade.

Les clefs de voûtes en pendentifs acquièrent

vers la fin du quinzième siècle de grandes proportions ; ces clefs pendantes sont généralement très originales.

Les voûtes au commencement du quinzième siècle ne diffèrent pas de celles du siècle précédent, les moulures seulement ont changé, elles sont saillantes et prismatiques ; dans la seconde moitié du quinzième siècle elles se ramifient et le nombre en augmente ; en outre des moulures arêtières couvrant l'arête de la voûte il y a souvent des moulures appelées liernes et tiercerons qui s'intercalent et s'entrelacent avec les arêtiers.

Les figures ont beaucoup de finesse et approchent de la vérité, les draperies sont un peu lourdes, mais les mains et les têtes paraissent étudiées d'après nature.

Les vitraux et la peinture murale répètent les ornements dans le goût des ornements de l'architecture. Les figures sont mieux peintes et plus dessinées qu'au siècle précédent; il est à remarquer que par l'emploi des grisailles d'abord, et ensuite par le coloris moins brillant qu'au siècle précédent, les vitraux ont un effet beaucoup moins brillant et moins vigoureux qu'au quatorzième siècle.

Le pavage en carreaux émaillés est fort employé dans les châteaux, édifices et hôtels du quinzième siècle, de même que les tuiles émaillées en couleurs pour la couverture des toits.

Les meubles et les boiseries sont couverts de moulures et sculptures analogues aux détails de l'architecture.

Les inscriptions du quinzième siècle sont complètement en écriture cursive; elles sont difficiles à lire, les lettres étant allongées et resserrées.

Cy gist feu messire du
chastel q trespassa le
xii jour de septembre
[illegible]

La serrurerie produit des chefs-d'œuvre de légèreté, le fer forgé, estampé et découpé, offre une grande variété de travaux estimables.

RENAISSANCE

Le style de la renaissance est le retour aux formes antiques. C'est la fin du moyen âge.

Le plein cintre revient avec les traditions de l'art romain modifié au goût de l'époque quelques changements dans les moulures, des détails souples, gracieux, et un arrangement coquet des ordres romains caractérise le style de la renaissance qui, avant de pénétrer en France, était le style de prédilection des Italiens. Dès le quinzième siècle les architectes italiens Brunelleschi, Ammanati, Alberti et Bramante en avaient donné prodigieusement l'essor, et ce ne fut que dans la deuxième partie du seizième siècle qu'il fut adopté généralement en France, tout en ayant passé par une époque de transition qui se sent de l'ogival tertiaire et de l'art romain.

L'église Saint-Eustache de Paris, la façade

du château de Gaillon dans la cour des Beaux-Arts, sont une preuve de l'époque de transition.

Les châteaux de Chambord, de Blois, de Nantouillet, etc., l'hôtel-de-ville de Paris, sont purement du style de la renaissance.

Au dix-septième siècle l'architecture s'alourdit, les arabesques furent supprimées, on employa l'appareil en bossage, les frontons coupés,

les consoles renversées qui caractérisent l'architecture sous le règne de Louis XIII, et qui se prolongea ainsi jusqu'au genre rococo et rocaille.

Paris. — Imprimerie Alcan-Lévy, boulevard Clichy, 62.

www.ingramcontent.com/pod-product-compliance
Ingram Content Group UK Ltd.
Pitfield, Milton Keynes, MK11 3LW, UK
UKHW020947180726
13838UKWH00003B/1186

9 782329 448046